JN063909

わたしたちの手話

新しい手話

NEW SIGNS 2024

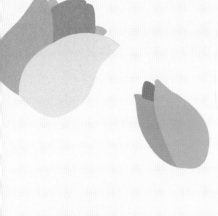

【QRコードについて】

●本書に掲載している手話単語の日本語見出し語の右横にある QR コードをスマートフォン・タブレット等の QR コードリーダーで読み取っていただくと手話単語を動画でご覧になれます。

●動画は、社会福祉法人全国手話研修センター手話言語研究所が制作し、同研究所ウェブサイト「新しい手話の動画サイト」に掲載されています。　https://www.newsigns.jp/

 # 記号説明

 横または縦の動きの方向

 ⟵ 前後の動きの方向

 繰り返す動き

 ① ② 動きの順序

 波うたせる動き

　本書の手話表現のイラストは右利きの方が表しやすい形で作成してあります。左利きの方は左右逆に表していただいてかまいません。
なお、本文中の＜＞の記号は「日本語の名前」すなわち手話単語の日本語のラベルまたは指文字を表しています。

目　次

第 **1** 章　医療・福祉① ……… 5

第 **2** 章　医療・福祉② …… 27

第 **3** 章　言語・表現 ……… 39

第 **4** 章　社会・経済 ……… 69

第 **5** 章　社会・生活 ……… 81

索　引 …………………… 92

【「新しい手話」の種類について】

◆創作手話
　既存の手話単語を二つ以上組み合わせる、二つ以上の手話単語を一つの表現に合成する、手話単語の一部を変更して作る、まったく新しく作る、の四つの方法で作られた手話を「創作手話」と呼びます。

◆保存手話
　手話単語があるのに、その概念に対応する適切な日本語の単語が見当たらない場合に、対応する日本語の単語を確定した手話を「保存手話」と呼びます。

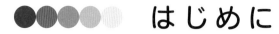 # はじめに

『わたしたちの手話　新しい手話 2024』をここにお届けします

　2023 年 5 月から新型コロナウィルス感染症もインフルエンザと同じ「5 類感染症」になったことで、感染リスクを下げる行動制限が緩和され、様々な場所に出かけ交流ができるようになりました。手話を学ぶ場である手話講習会や手話サークルも対面で開催されるようになっています。言語を学ぶ上で、直接のコミュニケーションは外せないものです。生のコミュニケーションの濃密さを改めて実感できたのではないでしょうか。

　さて、『Coda コーダ あいのうた』がアカデミー賞を受賞して以来、国内でも手話を扱うドラマや映画を目にする機会がずいぶんと増えました。ただ、ドラマや映画の中では、きこえない人は当り前のように手話で話をしていますが、現実は、きこえない人でも手話に接することなく成長することが往々にしてあります。

　私たちろうあ連盟では、きこえない人が音声だけではなく「手話」を言葉として身につけ、またその手話という言葉で様々なことを学び、どこでも自由に使うことができるようにしたいと思います。2010 年 10 月に手話言語法制定推進運動が始まってから 13 年、506 もの自治体で手話言語条例が制定され、「手話は言語」であるという認識が広がってきています。そして今、手話に関する法案が国会に上程されようとしています。

　そして、本書が一人でも多くの人の手にとってもらい、手話を身に着け、手話での円滑なコミュニケーション環境構築の一助となれば幸いです。皆さまの積極的なご活用をお願い申し上げます。

　最後に本書は、社会福祉法人全国手話研修センター手話言語研究所「標準手話確定普及研究部」が厚生労働省より委託を受け、必要な単語の研究・調査を重ね新しい手話単語を提案した中から、社会生活の場面で多く使われる単語を抜粋し掲載しています。

　ご協力をいただいた皆様に心からお礼申し上げます。

一般財団法人全日本ろうあ連盟

理事長　石野　富志三郎

第 1 章

医療・福祉①

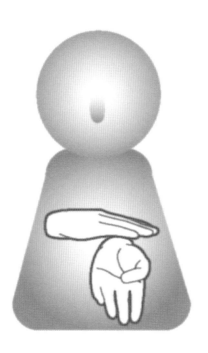

咀嚼 (そしゃく)

❶ 両手拳の4指側を上下につけ合わせ、右手だけを水平に回し

❷ 続けて、左手拳に右手拳を小さく繰り返しあてる

「食べ物を噛み砕いて唾液と混ぜ合わせて、柔らかくして味わうこと」、「言葉や文章の意味をよく考えて理解すること」の二つの意味があります。手話は、よく噛んでよく味わうさまを表しています。

菌 (きん)

左手5指の輪をのぞきこみその下で右手人差指を上下に屈伸させながら前へ進める

健康に有害な菌（ノロウイルスや黄色ブドウ球菌など）もあれば、健康の維持や増進に役立つ有用菌（乳酸菌やビフィズス菌など）もあります。手話は、＜細菌＞と＜虫＞の組み合わせです。

骨髄バンク（こつずいばんく）

❶ 両手5指の輪を上下に置き

❷ 続けて、左手の中に入れた右手人差指を上方へ引き抜き

❸ 両手2指の輪を左右に置き、同時に上下する

白血病などの血液疾患のため「骨髄移植」が必要な患者と、それを提供するドナーとをつなぐ公的事業のことです。適合するドナーが見つかる確率は兄弟姉妹の間でもとても低いという現状があります。手話は、＜骨髄＞＜銀行＞の組み合わせです。

 # ドクターヘリA

❶ 左手首を右手の親指と4指の指先ではさみ

❷ 左手人差指に右手をのせ、指を小刻みに揺らしながら右上へ上げる

高度な医療機器や医薬品を装備し、救急医療の専門医師、看護師が搭乗して救急現場等に向かい、救命治療を行う専用のヘリコプターです。手話は、＜医・医療＞＜ヘリコプターB＞の組み合わせです。

誤飲 (ごいん)

❶ 指を広げた右手2指を目にあて、半回転して甲を前に向け

❷ つまんだ右手5指の指先を口に向け、喉、食道へと下ろしていく

食物以外の物（特に身体に有害なもの）を誤って飲み込んでしまうことです。手話は、以前から使われている保存手話で、誤って飲み込んでしまうさまを表しています。

誤嚥 (ごえん)

❶ 指を広げた右手2指を目にあて、半回転して甲を前に向け

❷ つまんだ右手5指の指先を口に向け、喉、食道へと下ろし、左胸へカーブさせる

通常なら食道へと送り込まれるはずの食べ物や唾液などが、何らかの理由で誤って肺につながる気管に入ってしまう状態のことです。手話は、飲み込んだ食べ物などが途中で気管に入るさまを表しています。

すり傷・擦過傷 (すりきず・さっかしょう)

❶ 左手甲を右手掌で
前方にこすり

❷ 残した左手甲に
右手人差指の先で
切るしぐさをする

傷にはさまざまな種類がありますが、すり傷は、転ぶなどして皮膚をすりむいてできる皮膚のごく浅い部分の傷です。傷跡を残さず治ることの多い傷です。手話は、皮膚をこするさまを表して、<怪我>と組み合わせます。

体調が悪い (たいちょうがわるい)

❶ 右手掌で体を
円く撫で

❷ 4指を立てた両手
の背を左右から指
を閉じながらつけ
合わせる

体がだるい、頭が痛い、足が冷える、便秘が続く、めまいがする、むくみが出ている、気分が悪いなど全身にあらわれる身体的な不調のことです。手話は、<体・身体>がいつもと違っている違和感を表す保存手話です。

寝違えた（ねちがえた）

❶ 頭をかしげ
こめかみに右
手拳をあて

❷ 左手5指の「C」
形に入れた右手
拳を左へ強くひ
ねる

目が覚めたときに、首の後ろや首から肩にかけての痛みが出る症状で、首を動かすと痛みが出ることもあれば、痛みで首を動かせないこともあります。手話は、＜寝る＞に続けて首がねじれるさまを表します。

体温が低い（たいおんがひくい）

❶ 右手掌を額に
あて

❷ 右手の指文字
「コ」形を下
に下げる

体温は常に変化します。一般的に朝や食事前は低く、夕方や食事後は高くなると言われています。また何らかの理由で体温が低くなることがありますので、そうならないようしっかりと予防したいものです。手話は、以前から使われている保存手話です。

微熱がある（びねつがある）

風邪のひき始めのときなど、平熱（35〜37℃未満）よりも若干高め（37〜38℃）の状態が一定期間続く症状のことです。手話は、以前から使われている保存手話です。

❶右手掌を額にあて

❷平行に伸ばした右手2指を前に向けて置く

 ## 体力が低下する（たいりょくがていかする）

体力が低下する主な理由としては、加齢や病気が挙げられますが、外遊びが少なくなったことによる子どもの体力低下もクローズアップされています。手話は、＜体・身体＞＜たくましい・活性＞で「体力」とし、続けてそれが落ちるさまを表しています。

❶右手掌で体を円く撫で

❷両手を握って腕を立て、力コブを作るように両手を同時に引き

❸右手の指文字「コ」形を左斜め下へ下ろす

倦怠感がある（けんたいかんがある）

❶ 掌を胸に向けた
両手の指先を下
に向けてだらり
と回し下ろし

❷ 両手２指の輪を
つなぎ合わせ
少し前へ出す

ゆっくり休んだはず
なのに体が重くて何
もする気が起きな
い、または、疲れがと
れず集中できないと
いった症状が強く
なった状態のことで
す。手話は、＜疲労・
倦怠（疲れる）＞＜続
く＞の組み合わせで
す。

むせる・誤嚥（ごえん）

５指の指先を胸にあて手をひっくり
返すように２回上げる

食べ物や唾液が、食
道ではなく隣の気管
に入ることで、気管
が刺激され咳がでる
さまを言います。手
話は、以前から使わ
れている保存手話で
す。

お腹が鳴る （おなかがなる）

❶ 右手を腹にあく

❷ つまんだ右手指先を前に向け、開きながら前へ出す

胃の収縮や腸のぜんどう運動が活発になったときに起こる現象のことです。「グー」「ゴロゴロ」「キュー」「ポコポコ」などで表現されています。手話は、「オナラ」の表現を参考に、お腹から音が出る現象をイメージした表現です。

息苦しい （いきぐるしい）

❶ 右手2指の指先を鼻に近づけてゆっくり上下し

❷ 掌を手前に向けた右手拳で胸を2回たたく

呼吸がしにくい、息が切れる、呼吸が苦しいなど、呼吸時の不快な感覚のことです。手話は、＜呼吸＞に続けて胸を叩くさまを表しています。

圧迫感がある（あっぱくかんがある）

❶ 両手を上下に置き、軽く握りながら近づけ

❷ 右手人差指をこめかみに突きあてる

胸が苦しい、胸が締め付けられるような感じがする、胸が重たいといった感覚のことです。心臓の病気だけでなく、胃が悪いとか、肋間神経痛（ろっかんしんけいつう）などでも起こることがあります。手話は、上下に圧迫される感覚をイメージした表現です。

力が入らない・脱力感
（ちからがはいらない・だつりょくかん）

❶ 左手を握り、腕を折り曲げた上腕に右手人差指で力こぶを描き

❷ 丸めた左手の間を、指先を上に向けて開いた右手を下ろしながら5指を閉じる

手・腕に力が入らず物を落とす、足に力が入らずふらつく、歩きにくい、体に力が入らない等の状態を指します。手話は、＜力・能力＞＜消えるD＞の組み合わせです。

くしゃみが出る

❶ 右手2指の指先を鼻に近づけ

❷ 続けて、右手をくしゃみをするようにパッと開く

「くしゃみ」とは、鼻に入った異物を除去するための体の防御反応です。鼻の粘膜にある知覚神経が刺激されて起こる呼吸の反射で、胡椒による刺激のイメージもありますが、風邪や鼻アレルギーの症状の一つでもあります。手話は、以前から使われている保存手話です。

しゃっくりが出る

右手5指の「C」形の指先をみぞおちあたりから1回上下する

肺の下にある「横隔膜（おうかくまく）」の筋肉がけいれんすることで起こる現象です。手話は、以前から使われている保存手話です。

浮動性のめまいがする・ふらふらする
（ふどうせい）

顔の中心に立てた右手を
左右に揺らしながら体も
揺らす

体がフワフワ浮いているような感じ、またはユラユラ揺れているような感じのめまいのことです。高血圧や脳血管障害、うつ病などが原因となることもあります。手話は、以前から使われている保存手話です。姿勢や目つきなど状況に合わせて表現してください。

回転性のめまいがする・ぐるぐるする
（かいてんせい）

右手人差指を上方で上に
向けて回しながら体も揺
らす

「目が回る」「天井がグルグル回る」などと表現されるめまいのことです。平衡機能の異常によって起こり、耳の病気や脳の病気が原因と考えられています。手話は、以前から使われている保存手話です。姿勢や目つきなど状況に合わせて表現してください。

体が思い通りに動かない
（からだがおもいどおりにうごかない）

❶ 右手掌で
体を円く
撫で

❷ 腕を水平に
構え、両手
拳を交互に
前後させ

❸ 右手の指先
で額を突っ
つく

頭の中でイメージした通りに体が動かないというのは、加齢や身体の不調などで誰にでも起こり得ることでしょう。手話は、＜体・身体＞＜活動・運動B＞＜支障・妨げる＞の組み合わせです。

顔が思い通りに動かない
（かおがおもいどおりにうごかない）

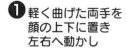

❶ 軽く曲げた両手を
顔の上下に置き
左右へ動かし

❷ 右手2指で頬を
つねるようにひ
ねる

顔面神経麻痺や顎関節症（がくかんせつしょう）などの疾病やストレスなどが原因で、顔の筋肉が収縮や麻痺を起こし動かしにくくなる症状のことです。手話は、＜表情＞＜難しい（できない）・きつい＞の組み合わせです。

呂律が回らない (ろれつがまわらない)

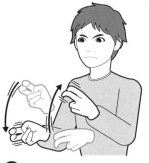

❶ 右手2指を上下し
ながら口元から前
に出し

❷ 両手「ロ」形を前後に
少しずらして置き、勢
いよく上下逆方向に動
かして止める

ラ行の発音ができな
くなるとか、舌を動
かしにくくなるとい
う症状が特徴的なも
ので、専門用語では
「構音障害」「構語障
害」と言われます。手
話は、＜二枚舌（巧
言）＞＜機能停止・止
まる＞の組み合わせ
です。

歩き出したらうまく止まれない
(あるきだしたらうまくとまれない)

❶ 指を閉じた両手を
並べて置いて右手
を前に出し

❷ 続けて、勢いよく
交互に小さく前に
出していく

つんのめるように前
かがみの姿勢で、急
に小走りになる特徴
があり、自分の意思
で止まることができ
ず、何かにぶつかっ
て止まるか、あるい
は転んでしまうかと
いった状態になり、
危険性を伴います。
手話は、以前から使
われている保存手話
です。

足が前に出ない (あしがまえにでない)

❶ 指を閉じた両手を
並べて置き、右手
を前に出そうとす
る動作をし

❷ 右手2指で頬を
つねるようにひ
ねる

主として、寝たきり
や安静の状態で生活
を長く続けている人
や、重い病気を患っ
ている人が、足を前
に踏み出せない症状
に陥ることがありま
す。手話は、両足を揃
えるさまを表し、＜難
しい（できない）・き
つい＞を続けます。

転びやすい・転倒しやすい
（ころびやすい・てんとうしやすい）

右手2指を下に向け、指を
交互に出しながら倒す動作
を前方に2回繰り返す

高齢や病気、障害な
どの個人的な原因
と、段差や手すりの
有無など環境の不整
備による原因があっ
て、転びやすくなる
ものと言われていま
す。手話は、以前から
使われている保存手
話です。

麻痺 (まひ)

体を少し傾け腕を脇につけた
右手を左右に小さく揺らす

神経の障害によって運動や知覚が効かなくなる症状を「麻痺」と呼びます。脳卒中が原因で体の片側に麻痺が生じる例がよく知られています。手話は、以前から使われている保存手話です。

ただれている

右手指先を左手甲から指先へ
ゆっくり動かしながら1回つまむ

炎症などのために皮膚や肉が破れたり崩れたりする症状で「傷口がただれる」というような使い方をします。手話は、以前から使われている保存手話です。

関節に水が溜まる（かんせつにみずがたまる）

1️⃣ 両手拳の背側を合わせ、指の関節を軸にしく開閉し

2️⃣ 指先を左へ向け、掌を上に向けた右手を斜め下へ引き

3️⃣ 甲を上に向けた両手2指を交差させて同時に上げる

膝の中にある関節液の量が増える状態のことです。正常なときであれば1〜3ml程度ですが、炎症を起こした方の場合、30ml以上になることもあります。手話は、＜関節＞＜水A＞＜溜まる・鬱憤＞の組み合わせです。

 ## 皮下出血がある（ひかしゅっけつがある）

1️⃣ 左手甲を右手人差指の指先で撫で

2️⃣ 唇を右手人差指の指先で右へ引き

3️⃣ 左手掌の下に向けて握った右手をもぐらせて5指をゆっくり開く

血管から流れ出た血が皮膚の中に溜まる症状です。やがて自然に消えていく例がほとんどですが、病気や薬の副作用などで皮下出血が止まらず、あざとなって広がっていくこともあります。手話は、＜皮膚＞＜内出血＞の組み合わせです。

水疱・水ぶくれがある
（すいほう・みずぶくれがある）

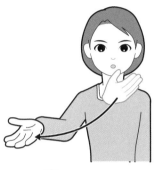

❶ 指先を左へ向け掌を上に向けた右手を斜め下へ引き

❷ 右手人差指で左手甲に小さくふくらみを描く

火傷をしたときや、虫に刺されたときや、帯状疱疹を患ったときなどに、皮膚病がひどくなって水疱になります。手話は、＜水Ａ＞に続けて、小さなふくらみが生じるさまを表します。

膿Ｂ （うみ）

❶ 直角に開いた右手2指の親指を額につけ、人差指を左下へ倒し

❷ 右手人差指で左手甲に小さくふくらみを描く

傷口が汚れていたりすると、細菌が感染して炎症を起こし、赤く腫れて痛み、黄色い膿が出てきます。手話は、＜黄＞に続けて、小さなふくらみが生じるさまを表します。

医療・福祉①

血管が浮き出る（けっかんがうきでる）

❶ 唇を右手人差指の指先で右へ引き

❷ 右手2指の輪を左腕につけて手首の方へすべり下ろし

❸ 残した左腕に、右手人差指で手前から外側に向けて小さくふくらみを描く

加齢などの理由で、肌の弾力が減少し、表皮が薄くなってくると、手足の血管が太く浮き出ているように見えます。手話は、腕を例にとって、＜血管＞に続けて、血管が浮き出るさまを表します。

体臭がひどい（たいしゅうがひどい）

❶ 右手掌で体を円く撫で

❷ 顔をしかめ、右手5指を小刻みに揺らしながら指先を鼻に近づける

加齢臭、ミドル脂臭がよく知られており、食事を含めた生活慣習を改善する対策がいくつか紹介されています。手話は、＜体・身体＞に続けて、臭いことを表すしぐさをします。

フケが多い（ふけがおおい）

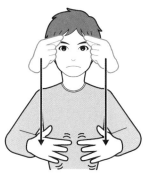 

皮膚の老化により剥がれた古い角質をフケと呼びます。誰にでも出るものですが、生活習慣によってフケが目立つほど増えることも多いと言われています。手話は、頭からパラパラと落ちるフケが多いさまを表しています。

❶ 両手人差指で頭を指し、続けて5指を小刻みに揺らしながら下ろしていき

❷ 右手の指文字「ム」形を右方へ引く

鼻血が出る（はなぢがでる）

鼻をぶつけたり、いじったりすることで出血する例、鼻の病気で出血する例があります。興奮すると鼻血が出るというのは俗説のようです。手話は、＜赤＞＜鼻血＞の組み合わせです。

❶ 唇を右手人差指の指先で右へ引き

❷ つまんだ右手を鼻の下におき、勢いよく下へ出しながら指を開く

平衡感覚が悪い（へいこうかんかくがわるい）

❶ 人差指の先で耳を指し

❷ 両手掌を下に向けて左右に置き、交互に上下に動かし

❸ 鼻先をかすめるように右手人差指を左方へ振り下ろす

頭や全身の位置、直進・回転運動などを判別する感覚で、耳の器官がこの平衡機能を司るために、きこえない人はバランスがとりにくい傾向にあることが知られています。手話は、耳を指して、＜バランス＞＜悪い＞を組み合わせます。

 # 尿道が痒い（にょうどうがかゆい）

❶ 指先を下方に向けた左手人差指の元から指先に、右手人差指をなぞるように動かし

❷ 残した左手甲を、右手5指の指先で掻く

尿道炎などにより、尿道が痒い、ムズムズするといった症状が起こります。手話は、＜尿道＞に続けて、それを掻くさまを表しています。

不正出血がある（ふせいしゅっけつがある）

❶ 唇を右手人差指の指先で右へ引き

❷ 軽く指を広げ斜めに構えた左手の下から、つまんだ右手5指を開きながら下ろし

❸ 少し首をかしげ、右手人差指で顎を指す

「不正出血」とは、生理（月経）以外の時に性器（膣）から出血することです。鮮血や茶色っぽい血が出る場合や、おりものに血が混ざったような場合があります。手話は、子宮から出血があるイメージの表現です。

肺血栓塞栓症・エコノミークラス症候群
（はいけっせんそくせんしょう・エコノミークラスしょうこうぐん）

❶ 左手2指に右手の折り曲げた2指をのせて前に動かし

❷ 右手人差指の先を左腕に沿って上げて肺までなぞり

❸ 左手5指の輪に右からつまんだ右手の指先を入れる

脚の静脈内にできた血栓が、血液の流れによって右心房、右心室を経由して肺動脈まで運ばれ血管に詰まる病気のことです。最近では、避難所に入れず自家用車で寝泊まりする被災者が発症したケースが話題になりました。手話は、病気が発症する状況をイメージした表現です。

第 **2** 章

医療・福祉②

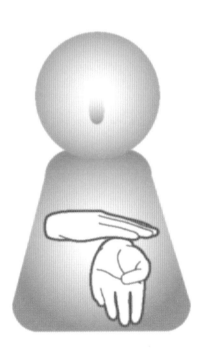

未熟児 (みじゅくじ)

❶ 丸めた両手の親指と4指の指先を向き合わせて左右から近づけ

❷ 指を広げた両手を前に向けて顎の脇あたりで左右に小さく振る

出生時の体重が2,500グラム未満、または妊娠37週未満の、身体機能が未熟な状態で生まれた赤ちゃんのことです。現在は、低出生体重児、または早産児と言われています。手話は、＜小さい＞＜子どもA＞の組み合わせです。＜子どもA＞は小さく表します。

乳幼児 (にゅうようじ)

❶ 右手拳の中指を盛り上げて口にあて

❷ 体の左側で両手をたたき手を返して体の右側で両手をたたき

❸ 腰の高さで位置を変えて右手掌で空間を3回押さえる

乳児（生後０日から満１歳未満まで）と、幼児（満１歳から小学校就学までの子ども）を合わせた呼び名です。手話は、乳児と幼児を続けて表します。

妊婦健診 (にんぷけんしん)

医療・福祉②

❶ 立てた左手小指の中程から右手人差指で半円を描き

❷ 残した左手甲を曲げた右手２指の指先で２回たたく

妊婦の健康状態と赤ちゃんの発育状態を定期的にチェックし、安心・安全に妊娠期間を過ごすために推奨されている健診です。基本的に全額自己負担ですが、公的補助を受けられる自治体もあります。手話は、＜妊娠Ａ＞＜受診＞の組み合わせです。

 首がすわる (くびがすわる)

❶ 右手を首の右側にあて

❷ 左手５指の「Ｃ」形に掌前向きの右手拳を上からはめ込んで固定する

赤ちゃんの成長の大きな目安の１つで、抱っこしても首がぐらぐらせず、自分の首の力だけで頭を支えられる状態のことです。手話は、首がぐらつかずに安定するさまを表しています。

沐浴（もくよく）

❶ 少し丸めた両手掌を上に向けて前後に置いて前に出し

❷ 左手を残し、右手掌で赤ちゃんのお腹を洗うようにやさしく回す

「沐浴」は、抵抗力の弱い生後1か月頃までの赤ちゃんを、ベビーバスなどで顔や体を洗ってあげることです。手話は、赤ちゃんの体をやさしく洗う様子を表しています。

フォローアップミルク

❶ 掌を上に向けた右手指先を体に2回近づけ

❷ 丸めた左手に掌を上にした右手を返して蓋をするようにのせ

❸ 右手拳の中指を盛り上げて口にあてる

離乳食だけでは摂取できない、カルシウムやミネラルなどの栄養素を摂取するために開発されたミルクのことです。手話は、＜栄養＞＜補う＞＜ミルク＞の組み合わせです。

搾乳A（さくにゅう）

左手5指の「C」形に
向けて自分の乳を搾る

「搾乳A」は、母親が
自分で母乳を絞るこ
とです。直接手で搾
る方法と、搾乳器を
使う場合がありま
す。手話は、コップな
どの容器に絞った母
乳を入れるさまを表
しています。搾乳器
の場合など、状況に
合わせて表現を工夫
してください。

 ## スタイ（よだれかけ）

❶口元にすぼめた
右手をつけ、指
を開きながら下
ろしていき

❷指を広げた右手
で首元で半円を
描く

「スタイ」は「よだれ
かけ」のことで、よだ
れ等で衣服を汚さな
いようにするために
首から胸元に下げる
形のものを指します。
手話は、＜よだれ＞
＜地蔵＞の組み合わ
せです。

人見知り（ひとみしり）

❶ 右手指の背を頬に
あて、こするように２回前へ動かし

❷ 右手掌を顔に
向け、指先で
鼻を押さえる

赤ちゃんの成長過程の１つで、知らない人などが近づくと、ほほえまなくなり、恥ずかしがったり、怖がったり、泣いたり、母親にしがみついたりする反応のことです。手話は、＜だれ？＞＜苦手＞の組み合わせです。表情、姿勢など状況に合わせて表してください。

ひきつけ

顎を上げ顎の脇あたりで
両手拳を小さく左右に振る

乳幼児などが一時的、発作的に起こす全身性のけいれんのことです。高熱や大泣き、脱水症などのときに突然手や足、全身の筋肉が収縮し、硬直します。手話は、顎を上げて白目をむき、けいれんするイメージの表現です。

（赤ちゃんの）外気浴
（がいきよく）

❶ 少し丸めた両手掌を上に向けて前後に置いて前に出し

❷ 残した左手に向けて、指を広げた右手で優しくあおぐ

生後1か月頃の赤ちゃんが、外の空気に触れることです。赤ちゃんを連れ出しやすい穏やかな天気の日や時間帯を選んで、短時間から徐々に慣らしていきます。手話は、赤ちゃんを優しい風にあてるさまを表しています。

医療・福祉②

おむつかぶれ

❶ 右手掌を下腹にあてその上に左手掌を重ね

❷ 左手甲を右手で掻く

おむつがあたる部分に起こる皮膚炎のことです。長時間着用することで、おむつの中が蒸れたり、尿・便が皮膚に触れたりすることが刺激となって、痒みを伴う赤み、ブツブツ・ただれなどの症状が出ます。手話は、おむつがあたる部分が痒いさまを表しています。

寝返り（ねがえり）

左手掌の上で、右手2指を掌上向きから下向きへひっくり返す

赤ちゃんの成長過程の1つで、あお向けの体勢から体をひねって、うつ伏せになることです。一般的に、生後5～6か月頃を目安にできるようになります。手話は、以前から使われている保存手話です。赤ちゃんの様子に合わせて表現してみてください。

離乳食（りにゅうしょく）

❶ 右手拳の中指を盛り上げて口にあて

❷ 伸ばした右手親指と人差指を近づけながら左へ移動させ

❸ 掌を上に向けた左手から右手2指を口へ運ぶ

歯がはえ始めた赤ちゃんが、母乳やミルク以外の食品からも栄養を取り入れ、幼児食へと移行する過程の食事のことです。固形物を食べるための練習や、生活リズムを整えながら進めていきます。手話は、＜離乳＞＜食べる（食事）＞の組み合わせです。

胎動 (たいどう)

❶腹の膨らみを
両手で描き

❷顎の脇あたりで
両手拳を左右斜
めに交互に小さ
く動かす

妊婦のお腹の中にい
る赤ちゃん(胎児)の
動きのことです。妊
娠7週頃から、胎児
は動きはじめます
が、妊娠18週頃にな
ると、伸ばした手足
が子宮壁にあたるの
が分かり、胎児の成
長が感じられるよう
になります。手話は、
<妊娠B><活動・
連動B>の組み合わ
せです。

おまる

❶指を広げた両手掌
を前に向けて顎の
脇あたりで左右に
小さく振り

❷右手で「W」と
「C」の字形を
示す

持ち運びができる幼
児用の便器です。お
むつが外れる1〜2
歳ごろから、大人用
便器が使用できるま
でのトイレトレーニ
ングに使われます。
またいだり座ったり
取っ手が付いている
タイプなどがありま
す。手話は、<子ども
A><トイレ>の組
み合わせです。<子
どもA>は小さく表
します。

つかまり立ち (つかまりだち)

❶ 両手で手すり
をつかむよう
に握り

❷ 左手掌に右手
2指の指先を
立てるように
のせる

何かにつかまって自
力で立ち上がること
です。生後10か月で
約90％の子どもが
つかまり立ちができ
るようになります
が、中には時間のか
かる子もいます。手
話は、手すりなどに
つかまって立つ様子
を表しています。

エンゼルプラン

❶ 指を広げた両
手掌を前に向
けて顔の脇で
左右に振り

❷ 立てた左手親指
へ、右手指先を
近づける動きを
繰り返し

❸ 左手の小指側
に沿って右手
人差指を右へ
2回動かす

少子化対策として策
定された1994(平成
6)年以後10年間の
子育て支援のための
基本計画です。保育
所の増設や低年齢児
保育など、保育サー
ビスの充実、地域子
育て支援センターの
整備などが盛り込ま
れています。手話は、
＜育児＞＜設計・プ
ラン＞の組み合わせ
です。

おねしょ・夜尿症 (やにょうしょう)

首をかしげ、こめかみに左手拳をあてると同時に下腹部から右手人差指の指先を前方へ動かす

寝ている間に尿が漏れる症状です。子どもの夜尿症（やにょうしょう）は、「5歳を過ぎても3か月以上の期間、月1回以上の頻度でおねしょが続く状態」と定義されます。小学校入学前の子どもの10％程度に見られるとされ、珍しいものではありません。手話は、＜寝る＞＜小便・おしっこ＞の合成です。

避妊薬が欲しい (ひにんやくがほしい)

❶ 立てた左手小指の中程から右手人差指で半円を描き

❷ 立てた左手掌に４指を直角に曲げた右手の指先をつけ、前へ押し出し

❸ 曲げた右手薬指の指先で左手掌に円を描くようにこすり

❹ 左手掌に右手甲を２回打ちつける

避妊薬として、ピル（経口避妊薬）や緊急避妊ピルがあります。ピルは、毎日決まった時間に服用し排卵を抑制するものです。一方、緊急避妊ピルは、望まない性交後72時間以内に服用し妊娠を防ぐ薬です。どちらも医師の処方が必要ですので、病院などで表現するときの文として考えました。手話は、＜妊娠A＞＜断る＞＜薬＞＜求める・ください＞の組み合わせです。

帝王切開 (ていおうせっかい)

❶ 掌を上に向けた右手で腹を左右に切るように動かし

❷ 続けて、少し丸めた両手掌を上に向けて前後に置いて前に出す

お母さんか赤ちゃんに、何らかの問題が生じて経腟分娩（赤ちゃんが腟を通って生まれてくる方法）が難しいと判断された場合に、手術で赤ちゃんを出産する方法です。手話は、切開したお腹から赤ちゃんを取り出すさまを表しています。

無痛分娩 (むつうぶんべん)

❶ 5指を折り曲げ、指を上に向けた右手を震わせ

❷ 口にあてた右手2指の輪を開きながら右へ動かし

❸ 指先をつけた両手を腹から前方斜め下へ指先を前に向けて出す

出産に伴う陣痛（子宮の収縮）や骨盤の広がる痛みは、脊髄を通って脳に伝えられます。その脊髄の近くに麻酔薬を少量ずつ注入することで出産の痛みを和らげる方法を「無痛分娩」といいます。手話は、痛みの無い出産の表現です。

第 3 章

言語・表現

ネタバレ

❶ 右手拳を口元にあ
てたまま首を右か
ら左に動かし

❷ 続けて、つまんだ
右手を口元から開
きながら前方へ下
ろす

「ネタ（題材や材料）
がバレる」の略語で
す。小説、劇、テレビ
番組、映画などの物
語上の重要な部分を
暴露してしまうこと
です。手話は＜ネタ＞
＜もらす・カミング
アウト＞の組み合わ
せです。

尽力 (じんりょく)

以前から「一生懸命
に頑張る」「ひたむき
に頑張る」などのイ
メージで使われてい
る保存手話です。強
弱や表情などを工夫
してみてください。

掌を耳に向けて立てた両手を
小さく2回前へ出す

希薄 (きはく)

広げた右手２指の指先を前へ向け
少し舌を出し指の間を狭める

一般的に、少なく薄いことです。例えば、「人間関係が希薄だ」のように使います。手話は、以前から使われている＜少し・少ない・マイノリティ＞の保存手話です。

疲弊 (ひへい)

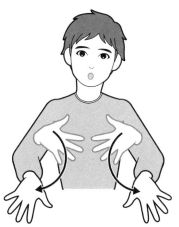

掌を胸に向けた両手の指先を下に
向けてだらりと回し下ろす

心身が疲れ、弱っていることです。手話は、保存手話の＜疲労・倦怠（疲れる）＞と同じ表現です。

言語・表現

おっつけA

顔の横から掌を前に向けた右手を
少し前に出す

この場合の「おっつけ」は、「やがて」「間もなく」の意味で以前から使われている保存手話です。手話は、保存手話の＜あとA＞を小さく出すことで「やがて」「間もなく」の意味を表しています。

おっつけB

右手２指をこすりながら上へ上げて
親指を立てる

この場合の「おっつけ」は、「すぐに」といった意味で以前から使われている保存手話です。手話は、＜すぐ・緊急C・即時＞と同じ表現です。

唖然（あぜん）

両手拳の掌側を上下につけ合わせ
上と下へ素早く動かす

思いがけないできごとに驚きあきれて、言葉が出ない様子です。例えば、「非常識な態度に唖然とした」のように使います。手話は、あきれて口が開いたままになる様子を表す保存手話です。

充当（じゅうとう）

丸めた左手に掌を上にした右手を
返して蓋をするようにのせる

何かを、ある目的や用途に充てることです。例えば、「ボーナスは、ローンの返済に充当する」「この会議室は全国手話検定試験会場に充当する」のように使います。手話は、＜充てる＞と同じ表現です。

言語・表現

一押し (いちおし)

❶ 掌前向きの左手数詞「1」を胸前に置き

❷ 続けて、左手人差指の背側に右手掌をあて前に出す

一番のものとして強く推薦することで、「イチオシ」「イチ押し」と書くこともあります。例えば、「当店イチオシの商品」のように使います。手話は、数詞の＜1＞を押すことで表現します。

心が洗われる (こころがあらわれる)

❶ 右手人差指の指先で頭を指し

❷ 左手掌を右手掌で撫でながら素早く右方へ動かす

「美しい景色を見ると心が洗われる」のように使い、穢れた（けがれた）部分を洗い落とすことで心がきれいになる、または、そのように感じられるという意味の慣用表現です。景色、芸術、音楽、人の真心や行動など、さまざまなものに対して使われます。手話は、＜頭＞＜美しい（きれい）B＞の組み合わせです。

軽視 (けいし)

❶ 手掌を上に向けて並べて置いた両手を、同時に軽く上げ

❷ 前に向けて広げた右手2指を目元から前へ出す

物事を軽く見て、重大だと考えないことです。例えば、「ろう者の権利を軽視する」のように使います。手話は、＜軽い＞＜見る＞の組み合わせです。

研鑽 (けんさん)

左手拳の甲を右手拳の指側で磨くようにこする

学問や技能などを深く究め、磨くことです。上達を目指して努力を継続しているときに使う言葉です。例えば、「研鑽を積む」「自己研鑽」のように使います。手話は、以前から使われている＜磨く＞と同じ表現です。

言語・表現

透視 (とうし)

左手5指を広げ、右手2指で左手指先を
かすめるように前へ進める

人間の目では見えな
い部分を透かして見
ることです。レント
ゲン撮影は、体の見
えない部分をエック
ス線を使って体内を
透視するので、透視
撮影とも言われま
す。手話は＜透明＞
の片手を＜見る＞に
変えたアレンジで
す。

妥当 (だとう)

左手人差指の指先に右手人差指の
指先を上からつけ合せる

適切であること、実
情によく当てはまっ
ていることです。例
えば、「妥当な結果」
「そう考えるのが妥
当だ」のように使い
ます。手話は、＜ぴっ
たり・合う・適当＞と
同じ表現です。

盗撮A （とうさつ）

❶ 相手に視線を向け、両手の小指側をつけ合わせて口を隠し

❷ 残した左手の横で、指を伸ばした右手を引き寄せながらすぼめる

「盗撮A」は、撮影対象者の了承を得ずに、ひそかに写真を撮影する行為のことで、「盗み撮り」とも言います。手話は、隠れて写真撮影をするさまを表しています。

盗撮B （とうさつ）

❶ 相手に視線を向け、両手の小指側をつけ合わせて口を隠し

❷ 残した左手の右下で右手5指を繰り返し近づける

「盗撮B」は、撮影対象者の了承を得ずに、ひそかに動画を撮影する行為のことです。写真も動画も自治体で制定される「迷惑行為防止条例」などに則って処罰されます。手話は、隠れて動画撮影をするさまを表しています。

称賛A （しょうさん）

❶ 右手の親指と４指を伸ばし、人差指側を鼻の下にあてて右へ引き

❷ 両手掌をたたき合わせる動作を繰り返す

その人の行為などを良いこととして褒め称えることです。「称」には、「言葉にして褒めたたえる」といった意味があります。手話は、＜立派＞＜拍手A・褒めるA＞の組み合わせです。

絶賛A （ぜっさん）

❶ 甲を前に向けた右手指先を下から上げて左手掌につけ

❷ 両手掌をたたき合わせる動作を繰り返す

この上もなく褒めることです。「『新しい手話2024』絶賛発売中」という使い方もあります。手話は、＜最高・最大限＞＜拍手A・褒めるA＞の組み合わせです。

発覚 (はっかく)

横向きの左手指の間に右手4指を
前方から直角に指し込む

知られては困るので
わざと隠していたこ
となどがばれてしま
うことです。例えば、
「不正が発覚する」
「社内恋愛が発覚す
る」のように使いま
す。手話は、保存手話
の＜ばれる＞と同じ
表現です。

言語・表現

多種多様 (たしゅたよう)

左手掌の上で右手2指を半回転
させながら右方へ移動する

種類や性質、状態な
どがさまざまである
ことです。手話は、
＜いろいろ＞＜種
類＞の合成である
＜あらゆる＞と同じ
表現です。

創意工夫 （そういくふう）

❶ 右手人差指の指先をこめかみにあててはね上げ

❷ 掌を上に向けた右手を返す動作を前方に位置を変えて2回表す

今までだれも思いつかなかったことを考え出し、それを行うためのよい方策をあれこれ考えることです。「創意」は新しい思いつきなので＜発明＞、「工夫」は物事を実行するために良い方策をあれこれひねり出すので＜充てる＞を繰り返し表現します。

森羅万象 （しんらばんしょう）

❶ 丸めた左手の回りを右手掌で包み込むように上から回し下ろし

❷ 残した左手に沿って右手を前から後ろへ回し

❸ 両手親指側をつけ、半円を描いて下ろし小指側をつける

宇宙に存在するすべての物や現象のことです。手話は、＜宇宙＞＜全部＞の組み合わせです。

試行錯誤 (しこうさくご)

❶ 右手人差指を立て、指先で目の下を2回たたき

❷ 指先を前に向けて折り曲げた右手を円を描きながら下ろしていく

新たに物事を始めるときや課題が困難なときに、何回もやってみて失敗を重ねながらも段々と目的に近づいていくことです。例えば、「試行錯誤を重ねる」のように使います。手話は、<試す・トライ><繰り返し>の組み合わせです。

 ## 陰で糸を引く (かげでいとをひく)

❶ 左手甲に向けた右手人差指を左手の内側に移して掌を指し

❷ 親指を人差指にのせた両手拳を交互に前後に動かす

人形師が糸を引いて人形を操ることです。転じて、自分自身は表に出ずに、裏で他人を意のままに動かすことを言い、例えば、「この事件には陰で糸を引く人物がいる」のように使います。手話は、<裏><操作>の組み合わせです。

顔を立てるA（かおをたてる）

❶ 右手人差指で顔の
輪郭を円くなぞり

❷ 左手掌に親指を立
てた右手をのせ
頭を下げると同時
に手を上げる

相手に敬意を払っ
て、他の人の前でそ
の人が恥をかかない
ようにするという意
味の慣用句です。手
話は、＜顔A＞＜あ
がめる＞の組み合わ
せです。

顔を立てるB（かおをたてる）

❶ 右手掌で顔の
輪郭を円くな
ぞり

❷ 左手掌に親指を立てた
右手をのせ、頭を下げ
ると同時に手を上げる

「顔」はその人の世間
的な面目、対面と
いった意味で、「立て
る」は損なわれない
ようにうまく取り計
らうという意味があ
ります。手話は、＜顔
B＞＜あがめる＞の
組み合わせです。

返す言葉がない（かえすことばがない）

開いた5指を口元へ
引き寄せながら握る

他の人から自分の失敗や誤りなどを指摘され、弁解や反論する余地がないことです。ここでの「返す言葉」は、言い訳や反論を意味します。相手から言われたことがまったくその通りだと思う意味で「返す言葉もございません」のように使うこともあります。手話は、返す言葉が出てこなくて黙るさまの保存手話です。

言語・表現

金は天下の回り物
（かねはてんかのまわりもの）

寝かせた右手2指の輪を手前
から水平に円を描き、腹のや
や右側につける

お金は常に人の間を巡っているものなので、今持っている者もいつか失ったり、今は持っていない人のところにもそのうち巡ってくるという意味のことわざです。今はお金がなくても、いつか自分のところにも回ってくるので悲観しなくても大丈夫だ、という励ましのニュアンスを含んでいます。手話は、＜お金・通貨＞が世の中を回って自分に届くさまを表しています。

火事場のバカ力（かじばのバカちから）

❶ 立てた右手掌を素早く左右に振りながら目に近づけ

❷ 5指を曲げた両手掌を向かい合わせ、互いに逆方向へ素早く回す

火事のときに、自分でも信じられないほどの大きな力を出して重い物を持ち出したりすることです。転じて、危機的な状況で、普段は想像できないような力を無意識に発揮することのたとえです。手話は、＜緊迫・焦眉＞＜思い切ってC＞の組み合わせです。力を込めて表してください。

固唾をのむ（かたずをのむ）

一点を見つめ、開いた5指を口元へ引き寄せながら握る

どうなることかと心配し、息を凝らして成り行きを見守る様子のことを表す慣用句です。スポーツ試合の勝敗が決まりそうな場面などで、ワクワク・ドキドキしながらじっと見ている場合などに使われることが多いです。手話は、黙って一点を見つめるさまを表しています。

肩の荷が下りる（かたのにがおりる）

❶ 5指を折り曲げて肩にのせた両手を前方に軽く出し

❷ 指先を鼻に向けた右手2指を斜め下へ下ろす

責任や負担から解放されて楽になることを表す慣用句です。例えば、「この仕事が終わって肩の荷が下りた」のように使います。手話は、両肩に背負った責任から解放されて、ホッとするさまを表しています。

肩の荷を下ろす（かたのにをおろす）

❶ 5指を折り曲げた両手の指先を肩にのせ

❷ 指を上に向けて開いた両手を同時に下ろしながら5指を閉じる

大きな仕事を終えたり、重い責任を果たし終えたりして、心配していたことが解決して気が楽になることを意味する慣用句です。例えば、「大会が成功裏に終わり、やっと肩の荷を下ろすことができた」のように使います。手話は、両肩に背負った責任や負担が終わるさまを表しています。

活路を開く（かつろをひらく）

追い詰められた状態から逃れ出て生きのびる方法を見つけ出すということを意味する慣用句です。手話は、＜行き詰まる（行き止まり）＞＜開場＞の組み合わせです。

❶ 指先を右方に向けた左手掌に右手指先を直角にあて

❷ 両手の甲を前に向けて指先をつけ合わせ、手首を軸に前方へ開く

活を入れる（かつをいれる）

柔道などで、気絶した人を蘇生させる術を施すことです。転じて、刺激を与えて元気づける、または、気力を起こさせることをいいます。手話は、背中を軽くポンと叩くイメージの表現です。励ますような表情で、軽く叩いてください。

左手親指の背側を右手2指の掌側で軽くあててはね返す

言語・表現

痒い所に手が届く（かゆいところにてがとどく）

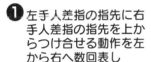

❶ 左手人差指の指先に右手人差指の指先を上からつけ合せる動作を左から右へ数回表し

❷ 両手拳の親指側を鼻にあてて前に出す

細かな点まで気が付き配慮が行き届いて、気が利いていることを意味する慣用句です。例えば、「この前泊まった旅館の痒い所に手が届くようなサービスに感動した」のように使います。手話は、「その場その場に合った配慮が行き届いていて良い」という表現で、＜ぴったり・合う・適当＞を数回表し最後に＜良い＞を表します。

身体を張る（からだをはる）

❶ 右手拳の小指側を左胸につけ右脇腹へ斜めに引き下ろし

❷ 親指を立てた両手を同時に弧を描いて前へ出す

自分の不利益や危険を顧みずに一身をなげうって行動することです。例えば、「身体を張って言論の自由を守る」のように使います。手話は、＜犠牲B＞＜出向く＞の組み合わせです。

癇にさわる（かんにさわる）

右手2指をこめかみから勢いよく
前に出しながら開く

他人のちょっとした発言などを不快に思い、神経をいらだたせることです。例えば、「あの人のものの言い方が癇にさわる」のように使います。手話は、以前から使われている保存手話です。表情や強弱、視線、姿勢などを工夫してみてください。

疳の虫が起こる（かんのむしがおこる）

❶ 両手2指の輪を
左右からぶつ
け、素早くはね
返しながら開き

❷ 両手拳を顎の脇
あたりで小さく
暴れるように動
かす

赤ちゃんや子どもが理由もなく強くぐずったり、キーキー泣いたり、夜泣きすることで、「ギャン泣き」とも言われる状態のことです。昔は、病気の原因は体内にいる虫のせいだと信じられていたことから「疳の虫」と言われているようです。手話は、以前から使われている保存手話です。

喜怒哀楽 (きどあいらく)

❶ 湾曲した両手の指先を胸に向け、交互に上下に動かし

❷ 折り曲げた両手を腹から上へ同時に押し上げ

❸ つまんだ右手2指を目元から頬に沿って下ろし

❹ 湾曲した両手の指先を胸に向け、交互に上下に動かす

人間が持っている、喜び、怒り、悲しみ、楽しみの4つの感情を含む、様々な感情のことです。手話は、＜楽しい（うれしい）＞＜怒るB＞＜悲しい＞＜楽しい（うれしい）＞を順に表します。

言語・表現

物議をかもす (ぶつぎをかもす)

❶ つまんだ右手指先を前に向け、口元から開きながら前へ出し

❷ 5指を折り曲げた両手を上下に向き合わせてかき混ぜるように回す

世間の論議を引き起こすことです。例えば、「大臣の発言が物議をかもす」のように使います。手話は、＜発言＞＜混乱＞の組み合わせです。

がたが来る（がたがくる）

③ ② ①

親指側をつけ合せた両手拳で折る
しぐさを左側・真ん中・右側の順
に表す

年月を経て機械や道具などの調子が悪くなること、人の場合は年を取って健康が損なわれたり体が思うように動かなくなったりすることです。手話は、＜折る・故障＞を位置を変えて数回表すことで、ボロボロになるイメージを表しています。

黙食（もくしょく）

❶ 立てた右手
人差指を口
にあて

❷ 掌を上に向けた左手
から右手２指を２回
口へ運ぶ

会話をせずに「黙って食べる」ことです。新型コロナウイルス感染リスクである「飛沫感染」を防ぎ、安心して飲食ができる環境づくりの一環として推奨されました。手話は、＜シーッ・静かに・黙って＞＜食べる（食事）＞の組み合わせです。

延焼（えんしょう）

❶両手の指先をつけ、斜めに構え

❷残した左手の横で5指を軽く丸めた右手をひねりながら上げ

❸甲を上にして両手をつけ、指を広げながら左右斜め前へ同時に出す

火事が火元から他に燃え広がることです。手話は、＜火事＞＜広がる・普及＞の組み合わせです。「隣家への延焼」「山火事の延焼」など状況に合わせて表現してください。

 罪悪感（ざいあくかん）

右手小指側で右胸上部をたたく

罪をおかした、悪いことをしたと思う気持ちです。例えば、社会のルールや道徳的な規範から外れた行動を取った時に自分を責めたり、ダイエットをしている人がカロリーの高い食品を食べて「罪悪感」を感じるときもあります。手話は、＜後悔＞と同じ表現です。

むりやり

右手人差指を唇の下でねじる
ように左に動かす

筋が通らないことや相手の嫌がることなど、無理と知りながら強引に行う様子です。例えば、「ドアをむりやりこじ開ける」「むりやり飲ませる」のように使います。手話は、以前から使われている保存手話です。

ごり押し（ごりおし）

❶ 右手人差指を唇の
下でねじるように
左に動かし

❷ 立てた左手親指を
右手掌で押し倒す

他の人の意向を無視して、物事を強引に押し進めたり自分の要求を押し通すことです。手話は、むりやりに人を押し倒すさまを表しています。

抵触 (ていしょく)

左手人差指の指先に右手人差指の指先を
上からあて下へ5指を払うように広げる

触れること、衝突することで、転じて、物事が相互に矛盾することです。また、ある行為が法律や規則に反するという意味があり、「道路交通法に抵触する」のように使います。手話は、<合わない>よりも強いイメージで以前から使われている保存手話です。

言語・表現

 ## 未然 (みぜん)

❶ 5指を曲げ指先を
上に向けた右手を
上げ

❷ 顔の脇で立てた
右手掌を後ろに
向け、右手を少
し後方へ動かす

まだそうなっていないこと、まだそのことが起こらないことです。例えば「事故を未然に防ぐ」のように使います。手話は、<起こるB><過去(前)・事前>の組み合わせです。

必然A (ひつぜん)

2指を前に向けて開いた両手を
素早く左右へ2回引き離す

必ずそうなるに違いなく、それ以外にはありえないことです。手話は、<あたりまえ・当然>と同じ表現です。「当然の結果だ」というイメージの表現です。

必然B (ひつぜん)

❶ 5指を曲げ指先を上に向けた右手を上げ

❷ 左手掌を2指を曲げた右手の中指側で強く2回たたく

必ずそうなるに違いなく、それ以外にはありえないことです。手話は、<起こるB><規則・規程>の保存手話で、「起こるに決まっている」というイメージの表現です。

過酷（かこく）　

❶ 右手親指を人差指にのせて握り、左手甲をつねるように回し

❷ 右手を右方へ動かしながら親指を人差指の先からつけ引いて立てる

厳しすぎるさま、ひどすぎるさまです。「過」にはある範囲や基準を超える意味、「酷」には容赦がなく、むごい意味があり、通常よりもはるかに厳しいことを指します。例えば、「過酷な条件」「過酷な環境」のように使います。手話は＜きつい（さびしい）＞＜とても（大変）＞の組み合わせです。

言語・表現

 君臨（くんりん）　

前方に向けて開いた右手を握りながら手前に引き寄せて親指を立てた左手甲側につける

主君として国家を統治することです。転じて、ある分野で強大な力を持って他の人を支配することを言います。手話は、周りのものを吸い上げ、特定の人のところに集めるイメージの表現です。

重責（じゅうせき）

❶ 5指を折り曲げた両手の指先を前方から両肩に同時にのせ

❷ 続けて、少し肩を下ろす

重大な責任のことです。この責任とは、自らが行うべき義務のことで、手話は、＜責任・役割・担当＞のアレンジで、重い責任が自分の肩にのしかかって、重みを感じているさまを表します。

礼節（れいせつ）

❶ 両手拳の小指側を2回たたき合わせ

❷ 指先を前に向けた両手掌を脇に沿って下ろす

「礼儀と節度」を意味する言葉で、状況や相手に応じてほどよい礼儀を示すことです。礼儀は、社会の秩序を維持するために人が守るべき行動や作法、敬意の表し方を意味し、節度には度を越さない、ほどほどといった意味があります。手話は、＜マナー・モラル・常識＞が体にほどよく備わっているさまを表しています。

だだをこねる

胸前で両手拳をつけたまま両肘を
張り、同時に左右へ動かす

子どもが言うことを
聞かず、わがままを
言い、泣いたり歩か
なくなったりして親
などを困らせること
です。大人にも、自分
の思い通りにいかな
い時にかんしゃくを
起こしてだだをこね
る人がいますが、こ
の場合には周囲が呆
れているニュアンス
が含まれます。手話
は、<わがまま>と
同じ表現です。

言語・表現

 # 断念 (だんねん)

❶ 開いた右手親指
と4指を左胸に
つけ

❷ 続けて、指先を
つける

自分の希望やプロ
ジェクトの継続など
をきっぱりとあきら
めることです。「断」
はとぎれることを意
味し、「念」は思いつ
めた考えや気持ちを
意味します。手話は、
以前から使われてい
る保存手話で、気持
ちが萎えてしまうイ
メージの<あきらめ
る>と同じ表現で
す。

見据える（みすえる）

前に向けて広げた右手2指を
目元から前へ出す

対象を鋭く見ることです。また、「現実を見据える」のように使い、物事の本質や真相などを見定めようとして、よく見るという意味もあります。手話は、＜見る＞と同じ表現ですが、表情や間（ま）など状況に応じて工夫してみてください。

虐殺（ぎゃくさつ）

❶5指を曲げた右手を顔に向けて外側に半回転させ

❷立てた左手親指に右手人差指で突き倒す

むごい方法で殺すことです。むごいとは、見るにたえないほど痛ましいさま、残酷なさまを表す言葉です。手話は、＜残酷＞＜殺す・殺人・殺害＞の組み合わせです。＜残酷＞は、指に力を入れて曲げてください。

第 4 章

社会・経済

NATO (ナトー)

左手指文字「ナ」と右手指文字「ト」を前方でつけ、半円を描いて引き寄せ再びつける

北大西洋条約機構（North Atlantic Treaty Organization）の頭文字をとった単語で「ナトー」と呼びます。1949(昭和24)年に結成され、ヨーロッパやアメリカなど31カ国が加盟する軍事同盟です。手話は、指文字＜ナ＞と＜ト＞で集団を意味する円を描きます。

北大西洋条約機構
（きたたいせいようじょうやくきこう）

❶ 両手３指を伸ばして手首で交差し、「北」の字形を作り

❷ ２指を直角に伸ばして人差指を下ろした左手の横で、掌下向きの右手を右へ波打たせ

❸ ５指を開いた左手小指に右手小指をからませ

❹ 掌を手前に向けた両手の指を交互に組み右側へ弧を描いて下ろす

NATO(North Atlantic Treaty Organizationの略称)のことです。「集団防衛」、「危機管理」及び「協調的安全保障」の三つを中核的任務とし、加盟国の領土および国民を防衛することを最大の責務としています。手話は、＜北B＞＜大西洋＞＜条約＞＜機構＞の組み合わせです。

実効性担保 (じっこうせいたんぽ)

例えば、法律に「書いてあること」を、実際に強制力をもって「履行させる」ことです。手話は、＜本当＞＜効果・効力＞＜獲得（取る・取得）＞の組み合わせです。

❶ 立てた右手の人差指側を顎にあて
❷ 立てた左手掌に右手拳の親指側をつけ前へ出し
❸ 前方に開いた右手を握りながら手前に引き寄せる

 ## IR・統合型リゾート
（アイアール・とうごうがたリゾート）

２指を立てた左手人差指の指先から、右手人差指で「R」の字形を描く

「Integrated Resort」の頭文字の略で、「統合型リゾート」と呼ばれます。カジノをはじめ、ホテルや劇場、国際会議場、ショッピングモールなどが集まった複合的な施設です。世界では、ラスベガスやマカオがIRとして有名です。近年、日本でもIRに関連するいくつかの法律が成立し、大阪などのIR構想が話題となっています。手話は、「I」と「R」を示す表現です。

キャッチコピー

❶ 折り曲げた右手人差指を目の位置から右斜め前へ動かし

❷ 指先を前に向けた右手2指を前へ出す

パッと人の目に留まり、人の心に響き、人の心を動かして、人の購買意欲に繋げるための短い宣伝文句です。対象のブランド（商品・サービスなど）の特徴を的確に表現することが大切です。手話は、「人の目を引く句」を意味する表現です。

キャッチフレーズ

❶ 折り曲げた右手人差指を目の位置から右斜め前へ動かし

❷ 曲げた両手人差指を上下に置き、「」を示す

キャッチコピーとほぼ同じ意味で使われますが、キャッチフレーズは宣伝以外の幅広い場面で使えるようです。例えば、「第20回京都さがの手話まつり」のキャッチフレーズは、『手話と共に20年 もっと未来へ』でした。手話は、「人の目を引く言葉」を意味する表現です。

プロデューサー

映画やテレビ番組などの企画とそれに関わる運営・管理などの総責任者のことです。手話は、＜まとめる・総合＞＜双肩に担う＞の組み合わせです。

❶ 両手を左右から斜めに引き上げて握り拳を上下につけ

❷ ５指を折り曲げた両手の指先を前方から両肩に同時にのせる

 # ディレクター

両手人差指を交互に左右斜め前へ出す

プロデューサーの企画に基づいて、出演者との交渉、台本作り、演出、照明、音声、美術など製作現場の指揮・運営を行う責任者のことです。手話は、＜監督・采配をとる＞の表現に、カタカナ語の「ディレクター」を追加しました。

収益 (しゅうえき)

❶ 右手2指で輪を作り、「お金」を示し

❷ 5指を折り曲げた両手掌を上下に向き合わせ、同時に手前へ引く

会社などに「入ってくるお金」のことです。内訳は売上金がメインですが、ほかにも手数料収入、預金等の利息収入、貸付にかかる家賃収入、配当金収入など本業以外の収入が含まれます。手話は、<お金・通貨><収穫>の組み合わせです。

電子決済 (でんしけっさい)

❶ 左手拳の上で右手の親指と中指をはじきながら下ろし

❷ 左手掌の上で下に向けた右手2指の輪を前後に動かす

現金を使わず、電子的なデータの送受で決済をすることです。クレジットカード決済、デビットカード決済、交通系ICカード決済、QRコード決済、オンラインバンキングでの銀行振込など多くの種類があります。コンビニなどの実店舗のほか、インターネット上のECサイトなどでも使えます。手話は、<電子><収支・決済>の組み合わせです。

クラウドファンディング

❶ 左手拳に右手の
指文字「イ」を
のせ、一周して
元に戻し

❷ 両手 2 指の輪を左右
やや上から胸前へ同
時に寄せる動作を繰
り返す

群衆（crowd）と資金調
達（funding）の合成語
で、ある目的のために多
くの人が他の人や組織
に資金協力をすること
です。同じ手法として、勧
進やカンパが以前から
あります。2011（平成
23）年の東日本大震災
をきっかけにインター
ネット上で資金を集める
サービスがクラウドファ
ンディングとして急速に
普及しました。手話は、
＜インターネット＞＜募
金＞の組み合わせです。

ドル箱（ドルばこ）

❶ 5 指を折り曲げた
両手掌を上下に向
き合わせ、同時に
手前へ引き

❷ 腕を立てた左肘に 5
指を握った右手甲を
つけて 5 指を開く

元はお金が詰まって
いる箱という意味で
す。転じて、お金を
持っていそうだ、ガッ
ポリ稼げるという意
味で使われます。パ
チンコの玉を入れる
箱や、パチスロでメダ
ルを入れる箱も「ドル
箱」と言いますが、こ
の手話は、前者の意
味で使います。手話
は、＜収穫＞＜基づ
いて＞の組み合わせ
で、「稼げるもと」と
いったイメージです。

モバイル（バッテリー）

右手拳の甲側を下に向け
水平に回す

英語のモバイル（mobile）には、「移動式の」「可動性の」という意味があります。ITの分野では、小型で持ち運びが可能で屋外を移動しながら使える電子機器を指します。例えば、携帯電話やスマートフォン、ノートパソコンなどはモバイル端末です。手話は、＜携帯＞と同じ表現で、持っているさまを表します。

バッテリー

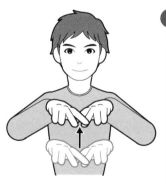

❶ 下に向けた右手親指と中指で円を作り中指を2回はじき

❷ 甲を上に向けた両手2指を交差させて同時に上げる

充電をして繰り返し使える蓄電池のことです。携帯電話やスマートフォンに入っているリチウムイオンバッテリーが普及したあとは、「バッテリーがきれた」など電池残量の意味で使うことが増えました。手話は＜電気＞＜溜まる・鬱憤＞の組み合わせです。

ワークフロー

❶ 両手掌を上に向けて左右から指先を2回近づけ

❷ 左腕に右手甲をつけ、手首に向かって撫で下ろす

業種や職種を問わず、組織内では、誰が何をどのように申請・起案し、承認や確認を行い、最終的に決裁・意思決定するという一連の流れが存在します。こういった仕事の流れ、もしくはその流れを図式化したものをワークフローと言います。手話は、＜職業・仕事＞＜経過B・プロセス＞の組み合わせです。

完売（かんばい）

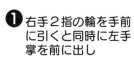

❶ 右手2指の輪を手前に引くと同時に左手掌を前に出し

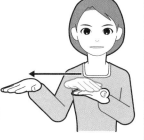

❷ 左手掌を右手掌で撫でながら素早く右方へ動かす

店舗などで、在庫も含め用意していた商品が売りつくされた状態のことです。手話は、保存手話の＜売り切れ＞と同じ表現です。

社会・経済

システムエンジニア

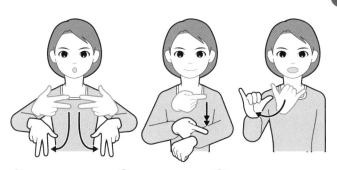

❶ 指を向き合わせた両手の指文字「シ」の指先を下に向け

❷ 左腕を右手人差指で2回たたき

❸ 2指を立て、甲を前に向けた右手を右に引きながら掌を前に向ける

コンピュータのソフトウェアの設計・開発の仕事をする人のことです。必要なシステムの聞き取りをして、それを基にソフトウェアを設計し、プログラマー等に構築の指示を出し、一連の開発に伴う予算管理や人員配置、完成後のテストまで担当します。手話は、＜システム・仕組み＞＜技術・技法＞＜〜人・〜者＞の組み合わせです。

コールセンターB

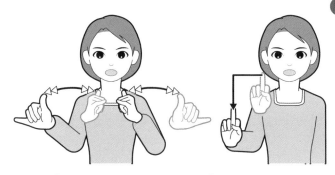

❶ 2指を伸ばした両手を左右斜め前に2回往復させ

❷ 右手の指文字「セ」を右に引いて下ろす

電話を使って、顧客対応を行う窓口・拠点のことです。日本コールセンター協会は、「顧客や消費者のインバウンドやアウトバウンドの電話応対を行う拠点・窓口のこと」と定義しており、顧客からの問い合わせや注文を受けたり（インバウンド）、顧客へ営業の電話をかける（アウトバウンド）などの業務があります。手話は、「電話をかけたりかかってきたりするセンター」の表現です。

インフルエンサー

❶ 人差指を立てた左手の下から右手5指を小刻みに揺らしながら前に出し

❷ 残した左手人差指を右手人差指で指す

世間や人の思考・行動に大きな影響を与える人物のことです。有名な芸能人やファッションモデルのほか、インターネット上で大きな影響力を持つ一般人等がインフルエンサーの一例です。ブログのインフルエンサーはブロガー、インスタグラムのインフルエンサーはインスタグラマーなど、SNSによって呼び名が異なります。手話は、「人」を意味する人差指と<影響する>の合成です。

社会・経済

ユーチューバー

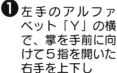

❶ 左手のアルファベット「Y」の横で、掌を手前に向けて5指を開いた右手を上下し

❷ 親指を立てた右手を、胸前に置く

ユーチューブで活躍するインフルエンサーのことです。特に、広告収入で生計を立てるプロを指すことがあります。近年は子どものなりたい職業として上位に挙がりますが、広告収入を得るためにはユーチューブ活動の実績が必要で、定められた条件をクリアしなくてはなりません。手話は、<ユーチューブ><男>の組み合わせです。<男>は、女性の場合など状況に合わせて表してください。

創業 (そうぎょう)

❶ 両手掌を上に向けて
左右から指先を2回
近づけ

❷ 前に向けて斜めに
指先をつけた両手
を引き起こす

個人であれ法人であれ、事業を開始した日のことをいいます。必ずしも会社を設立する必要はなく、法人を設立する前から事業を始め、創業とする場合もあります。手話は、＜職業・仕事＞＜建つ・起こす・設立＞の組み合わせです。

固定資産税 (こていしさんぜい)

❶ 上下に置いた
両手の4指を
曲げて組み合
わせ

❷ 右手2指の輪を
左の腕から掌へ
弧を描いて置き

❸ 右手2指の輪を
開きながら掌を
上にして下ろ
し、指先を体に
向ける

固定資産（土地と家屋、償却資産などの総称）を所有している人が、その資産の価格を基に算定された税額を納める税金です。手話は、＜必ずA・定める＞＜資産＞＜税金B＞の組み合わせです。

第 **5** 章

社会・生活

気象予報士（きしょうよほうし）

❶ 丸めた左手を中心に、右手で大きく半円を描き

❷ 手首で折り曲げた右手拳を鼻先で振り

❸ 両手5指のつまみを口元から開きながら左右斜め前へ出し

❹ 指文字「シ」を左胸にあてる

1993（平成5）年5月の気象業務法改正により設置された、国家資格です。気象庁から提供される数値予報資料等高度な予測データを、適切に利用できる技術者を確保することを目的として創設されました。手話は、＜気象＞＜予報＞＜〜士・〜師＞の組み合わせです。

観天望気（かんてんぼうき）

❶ 5指を閉じた右手掌を空に向けて大きな弧を描き

❷ 視線を空に向け、5指の指先を上に向け小さく弧を描きながら斜めに上げていく

生物の行動や自然現象（雲や霧の様子）を観察して天気を予想することです。例えば、「山に笠雲がかかっていると雨が降る」「ツバメが低く飛ぶと雨が降る」などがあります。手話は、＜天気＞＜想像B＞の組み合わせです。

第5章　社会・生活

 ## 渇水 (かっすい)

❶ 指先を左へ向け、掌を上に向けた右手を斜め右下へ引き

❷ 掌を上に向けた左手の上方から指文字「コ」形の右手を軽く下げる

雨が降らず、河川の流量やダムの貯水量が減り、水源が不足することです。取水制限（河川から取る水の量を減らすこと）や給水制限（各家庭に供給する水道の量を減らすこと）、断水などが必要となるような場合は、家庭や農業、工業などに深刻な影響を与えます。手話は、＜水Ａ＞＜（量が）減る＞の組み合わせです。

 ## ダムの渇水 (ダムのかっすい)

❶ 指先を右に向けた左手の掌側から5指を広げた右手を軽く弧を描いて前方に下ろし

❷ 残した左手の手前で、掌を下に指先を前に向けた右手を軽く下ろす

ダムの貯水量が減り、正常な流量の確保や水利用に支障をきたすことです。各ダムでは、洪水期・非洪水期の時期別に一定の貯水量レベル（基準貯水ライン）が定められており、このラインより下になると、渇水の対策としてダムの放流の抑制、取水制限、給水制限、断水、発電用水の転用などが行われます。手話は、ダムの水が減るさまを表しています。

社会・生活

防護服（ぼうごふく）

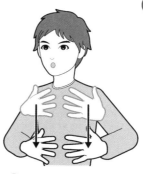

❶ 左手掌に右手指先を直角にあて左から右へ動かし

❷ 両手5指の指の間を広げ、両胸に沿って下ろす

作業者を危険から守るための衣服です。ウイルスや化学薬品、放射性物質などが体に付着したり、また体内に入るのを防ぐために着用します。手話は、体内に入るのを防ぐイメージの＜防護＞と＜服装＞の組み合わせです。

巣ごもり（すごもり）

❶ 斜めに構えた左手の下に右手親指を入れ

❷ 続けて、右手親指を小さく水平に回す

鳥や動物に対して使われる言葉ですが、新型コロナウイルス感染拡大の影響で、外出自粛やテレワークなど、人が自宅で仕事や余暇を過ごす時間が長くなったことから使われるようになりました。手話は、家の中で過ごすさまを表しています。

二正面作戦 (にしょうめんさくせん)

同時期に、2つの別の場所でそれぞれ異なる相手と争うことです。戦争や外交などの場面で使われます。手話は、異なる2つのことを並行するさまを表しています。

❶ 人差指を立て掌を上に向けた両手を内側に返して平行に置き

❷ 続けて同時に前に出す

 ## イルミネーション

前方に向け両手親指を中指ではじく動作を繰り返しながら左右に少し弧を描き下ろしていく

電飾（でんしょく）とも呼ばれ、色とりどりの電灯をつけて飾ることです。電球、発光ダイオード、光ケーブルなど淡い光の光源を使って装飾された建物や街路、庭園、公園などの空間が、夜間にイルミネーションとして浮かび上がります。手話は、つながった電飾のさまを表しています。

社会・生活

あおり運転 （あおりうんてん）

親指と4指を平行に伸ばした両手を前後に置き、左手を前へ出すと同時に右手を蛇行させる

後方から極端に車間距離をつめて威圧したり、ヘッドライトを過剰に点滅させたり、急停止をしたり、特定の車両の運転を妨害するような振る舞いをする迷惑かつ危険な行為のことです。手話は、＜自動車＞を前後に置き、後方から前の車をあおるイメージの保存手話です。状況に合わせて表現を工夫してください。

紛糾 （ふんきゅう）

5指を折った両手の指先を接触させて逆方向への半回転を繰り返す

意見や主張などが対立して、物事がうまくまとまらず、もつれることです。例えば、「予算委員会が紛糾する」のように使います。手話は、＜葛藤・紛争＞と同じ表現です。

姓名判断（せいめいはんだん）

姓名が人間の運気と密接なかかわりをもつという考えから、姓名を調べてその人の運命、吉凶を判断し、運勢を占うことです。手話は＜フルネーム＞＜占い＞の組み合わせです。

❶ 右手２指の輪を左胸の上につけ、次に左胸の下につけ

❷ 左手掌に向けて、親指を人差指にのせた右手拳を上下する

 貴族（きぞく）

身分や家柄の尊い人、社会的な特権を世襲している上流階級に属する人のことです。また、特権を持つ人や優雅な生活をする人を「労働貴族」「独身貴族」のように言うことがあります。手話は、＜立派＞＜〜人・〜者＞の組み合わせです。

❶ 右手の親指と４指を伸ばし、人差指側を鼻の下にあてて右へ引き

❷ ２指を立て、甲を前に向けた右手を右に引きながら掌を前に向ける

社会・生活

神隠し（かみかくし）

❶ 両手２指の輪を左右からぶつけ、素早くはね返しながら開き

❷ 丸めた左手の間を、指先を上に向けて開いた右手を下ろしながら閉じる

山や森など神聖な場所で、人が突然消える現象のことです。昔、神の仕業であると恐れられていたことから「神隠し」と言われるようになりましたが、現代では、場所に関係なく使われています。手話は、＜突然＞＜消えるD＞の組み合わせです。

ドライブスルー

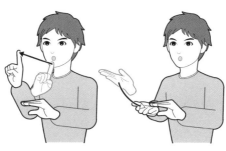

❶ 左手親指と４指を平行に伸ばして前へ出し

❷ 左手を残し、立てた右手人差指を口元から右斜め前へ出し

❸ 続けて、掌を上に向けた右手の指先を左手に差し込む

ファストフード店などで提供されているサービスの１つです。車に乗ったまま車専用のオーダー窓口で食べ物を注文し、お金を支払い商品を受け取ることができます。オーダー窓口がインターホンだけでろう者が困る例もありますね。手話は、車に乗ったまま注文し、商品が手元に届くさまを表しています。

集荷（しゅうか）

❶ 左手掌と5指を軽く曲げた右手掌を上下に向き合わせ、左斜め前方から手前へ引き

❷ 続けて、右斜め前方から手前へ引く

「集荷」には、各地から、野菜、果実、魚介などの農水産物が市場に集まることの意味と、運送業者が荷主から依頼された荷物を取りに行くことの意味があります。この手話は、後者の意味が強い表現です。手話は、＜荷物＞のアレンジで、箱に入った荷物を集めるさまを表しています。

 有効期限（ゆうこうきげん）

❶ 両手を上下に置き、同時に親指から順に折り

❷ 両手の5指を折って握り

❸ 指先を前に向けた左手掌に右手の指先を直角にあてる

一定期間で効力を失うものがあり、その効力が維持できる期間や時間の終わりのことです。例えば、「ワクチンの有効期限」「ポイントの有効期限」「カードの有効期限」のように使います。手話は、＜月日（いつ）＞＜まで・最後＞の組み合わせです。

社会・生活

カーテンコール

❶ 甲を前、指先を向き合わせた両手4指を顔の位置から同時に下ろし

❷ 続けて、両手を同時に上げ

❸ 指先を上に向けた両手の4指を同時に直角に曲げる

演劇やオペラなどの公演が終演し、舞台に幕が閉じられたあと、客席で沸き起こる観客の賞賛の拍手に応えるため、出演者が舞台に立ち、もう一度幕を開けることです。手話は、一度下りた緞帳が再び上がり、出演者が客席に向かってお辞儀をするイメージの表現です。

スキャン

掌を下に向けた左手に、掌を左に向けた右手人差指をつけ手首側から指先へ動かす

スキャン(scan)には走査する、精査する、検査するなどの意味がありますが、この手話は、とくに複合機やスキャナーにセットした原稿に細く光をあて、その光の反射光の強さや色から、画像データを作成することを意味します。手話は、セットした原稿に細い装置の光があたりスキャンしながら動いていくさまを表しています。

移籍 (いせき)

指先を下に向けてつまんだ両手を
並べ弧を描いて右へ移動する

戸籍や、属している
組織などの籍を他へ
移すことです。「〇〇
選手が東京から大阪
のチームに移籍し
た」のように使いま
す。手話は、ある場所
から別の場所へ移す
さまを表していま
す。

社会・生活

 (野球などの)ドラフト

❶ 掌を手前に向け5指
を開いて立てた左手
を左から右に移動し

❷ 残した左手の指先を
右手2指でつまみ上
げる動作をする

プロスポーツの選手
契約の規定で、チー
ムが入団契約の交渉
権を獲得するための
制度です。日本のプ
ロ野球では新人選手
選択制度とも言われ
ます。手話は、目の前
に並んだ選手から選
ぶさまを表していま
す。

索　引

■ 項 目 順 ■

◆第1章「医療・福祉①」

咀嚼・・・・・・・・・・・・・・・・・・・・ 6
菌・・・・・・・・・・・・・・・・・・・・・・ 6
骨髄バンク・・・・・・・・・・・・・・・・・・ 7
ドクターヘリA・・・・・・・・・・・・・・・・ 7
誤飲・・・・・・・・・・・・・・・・・・・・・ 8
誤嚥・・・・・・・・・・・・・・・・・・・・・ 8
すり傷・擦過傷・・・・・・・・・・・・・・・・ 9
体調が悪い・・・・・・・・・・・・・・・・・・ 9
寝違えた・・・・・・・・・・・・・・・・・・・ 10
体温が低い・・・・・・・・・・・・・・・・・・ 10
微熱がある・・・・・・・・・・・・・・・・・・ 11
体力が低下する・・・・・・・・・・・・・・・・ 11
倦怠感がある・・・・・・・・・・・・・・・・・ 12
むせる・誤嚥・・・・・・・・・・・・・・・・・ 12
お腹が鳴る・・・・・・・・・・・・・・・・・・ 13
息苦しい・・・・・・・・・・・・・・・・・・・ 13
圧迫感がある・・・・・・・・・・・・・・・・・ 14
力が入らない・脱力感・・・・・・・・・・・・・ 14
くしゃみが出る・・・・・・・・・・・・・・・・ 15
しゃっくりが出る・・・・・・・・・・・・・・・ 15
浮動性のめまいがする・ふらふらする・・・ 16
回転性のめまいがする・ぐるぐるする・・・ 16
体が思い通りに動かない・・・・・・・・・・ 17
顔が思い通りに動かない・・・・・・・・・・ 17
呂律が回らない・・・・・・・・・・・・・・・・ 18
歩き出したらうまく止まれない・・・・・・ 18
足が前に出ない・・・・・・・・・・・・・・・・ 19
転びやすい・転倒しやすい・・・・・・・・・ 19
麻痺・・・・・・・・・・・・・・・・・・・・・ 20
ただれている・・・・・・・・・・・・・・・・・ 20
関節に水が溜まる・・・・・・・・・・・・・・ 21
皮下出血がある・・・・・・・・・・・・・・・・ 21
水疱・水ぶくれがある・・・・・・・・・・・ 22
膿B・・・・・・・・・・・・・・・・・・・・・ 22
血管が浮き出る・・・・・・・・・・・・・・・・ 23
体臭がひどい・・・・・・・・・・・・・・・・・ 23
フケが多い・・・・・・・・・・・・・・・・・・ 24
鼻血が出る・・・・・・・・・・・・・・・・・・ 24
平衡感覚が悪い・・・・・・・・・・・・・・・・ 25
尿道が痒い・・・・・・・・・・・・・・・・・・ 25

不正出血がある・・・・・・・・・・・・・・・・ 26
肺血栓塞栓症・エコノミークラス症候群・・・ 26

◆第2章「医療・福祉②」

未熟児・・・・・・・・・・・・・・・・・・・・ 28
乳幼児・・・・・・・・・・・・・・・・・・・・ 28
妊婦健診・・・・・・・・・・・・・・・・・・・ 29
首がすわる・・・・・・・・・・・・・・・・・・ 29
沐浴・・・・・・・・・・・・・・・・・・・・・ 30
フォローアップミルク・・・・・・・・・・・ 30
搾乳A・・・・・・・・・・・・・・・・・・・・ 31
スタイ（よだれかけ）・・・・・・・・・・・・ 31
人見知り・・・・・・・・・・・・・・・・・・・ 32
ひきつけ・・・・・・・・・・・・・・・・・・・ 32
（赤ちゃんの）外気浴・・・・・・・・・・・・ 33
おむつかぶれ・・・・・・・・・・・・・・・・・ 33
寝返り・・・・・・・・・・・・・・・・・・・・ 34
離乳食・・・・・・・・・・・・・・・・・・・・ 34
胎動・・・・・・・・・・・・・・・・・・・・・ 35
おまる・・・・・・・・・・・・・・・・・・・・ 35
つかまり立ち・・・・・・・・・・・・・・・・・ 36
エンゼルプラン・・・・・・・・・・・・・・・・ 36
おねしょ・夜尿症・・・・・・・・・・・・・・ 37
避妊薬が欲しい・・・・・・・・・・・・・・・・ 37
帝王切開・・・・・・・・・・・・・・・・・・・ 38
無痛分娩・・・・・・・・・・・・・・・・・・・ 38

◆第3章「言語・表現」

ネタバレ・・・・・・・・・・・・・・・・・・・ 40
尽力・・・・・・・・・・・・・・・・・・・・・ 40
希薄・・・・・・・・・・・・・・・・・・・・・ 41
疲弊・・・・・・・・・・・・・・・・・・・・・ 41
おっつけA・・・・・・・・・・・・・・・・・・ 42
おっつけB・・・・・・・・・・・・・・・・・・ 42
唖然・・・・・・・・・・・・・・・・・・・・・ 43
充当・・・・・・・・・・・・・・・・・・・・・ 43
一押し・・・・・・・・・・・・・・・・・・・・ 44
心が洗われる・・・・・・・・・・・・・・・・・ 44
軽視・・・・・・・・・・・・・・・・・・・・・ 45
研鑽・・・・・・・・・・・・・・・・・・・・・ 45
透視・・・・・・・・・・・・・・・・・・・・・ 46

妥当‥‥‥‥‥‥‥‥‥‥‥46
盗撮A‥‥‥‥‥‥‥‥‥47
盗撮B‥‥‥‥‥‥‥‥‥47
称賛A‥‥‥‥‥‥‥‥‥48
絶賛A‥‥‥‥‥‥‥‥‥48
発覚‥‥‥‥‥‥‥‥‥‥49
多種多様‥‥‥‥‥‥‥‥49
創意工夫‥‥‥‥‥‥‥‥50
森羅万象‥‥‥‥‥‥‥‥50
試行錯誤‥‥‥‥‥‥‥‥51
陰で糸を引く‥‥‥‥‥‥51
顔を立てるA‥‥‥‥‥‥52
顔を立てるB‥‥‥‥‥‥52
返す言葉がない‥‥‥‥‥53
金は天下の回り物‥‥‥‥53
火事場のバカ力‥‥‥‥‥54
固唾をのむ‥‥‥‥‥‥‥54
肩の荷が下りる‥‥‥‥‥55
肩の荷を下ろす‥‥‥‥‥55
活路を開く‥‥‥‥‥‥‥56
活を入れる‥‥‥‥‥‥‥56
痒い所に手が届く‥‥‥‥57
身体を張る‥‥‥‥‥‥‥57
癪にさわる‥‥‥‥‥‥‥58
疳の虫が起こる‥‥‥‥‥58
喜怒哀楽‥‥‥‥‥‥‥‥59
物議をかもす‥‥‥‥‥‥59
がたが来る‥‥‥‥‥‥‥60
黙食‥‥‥‥‥‥‥‥‥‥60
延焼‥‥‥‥‥‥‥‥‥‥61
罪悪感‥‥‥‥‥‥‥‥‥61
むりやり‥‥‥‥‥‥‥‥62
ごり押し‥‥‥‥‥‥‥‥62
抵触‥‥‥‥‥‥‥‥‥‥63
未然‥‥‥‥‥‥‥‥‥‥63
必然A‥‥‥‥‥‥‥‥‥64
必然B‥‥‥‥‥‥‥‥‥64
過酷‥‥‥‥‥‥‥‥‥‥65
君臨‥‥‥‥‥‥‥‥‥‥65
重責‥‥‥‥‥‥‥‥‥‥66
礼節‥‥‥‥‥‥‥‥‥‥66
だだをこねる‥‥‥‥‥‥67
断念‥‥‥‥‥‥‥‥‥‥67
見据える‥‥‥‥‥‥‥‥68
虐殺‥‥‥‥‥‥‥‥‥‥68

◆第4章「社会・経済」
NATO ‥‥‥‥‥‥‥‥70
北大西洋条約機構‥‥‥‥70
実効性担保‥‥‥‥‥‥‥71
IR・統合型リゾート ‥‥71
キャッチコピー‥‥‥‥‥72
キャッチフレーズ‥‥‥‥72
プロデューサー‥‥‥‥‥73
ディレクター‥‥‥‥‥‥73
収益‥‥‥‥‥‥‥‥‥‥74
電子決済‥‥‥‥‥‥‥‥74
クラウドファンディング‥75
ドル箱‥‥‥‥‥‥‥‥‥75
モバイル（バッテリー）‥76
バッテリー‥‥‥‥‥‥‥76
ワークフロー‥‥‥‥‥‥77
完売‥‥‥‥‥‥‥‥‥‥77
システムエンジニア‥‥‥78
コールセンターB‥‥‥‥78
インフルエンサー‥‥‥‥79
ユーチューバー‥‥‥‥‥79
創業‥‥‥‥‥‥‥‥‥‥80
固定資産税‥‥‥‥‥‥‥80

◆第5章「社会・生活」
気象予報士‥‥‥‥‥‥‥82
観天望気‥‥‥‥‥‥‥‥82
渇水‥‥‥‥‥‥‥‥‥‥83
ダムの渇水‥‥‥‥‥‥‥83
防護服‥‥‥‥‥‥‥‥‥84
巣ごもり‥‥‥‥‥‥‥‥84
二正面作戦‥‥‥‥‥‥‥85
イルミネーション‥‥‥‥85
あおり運転‥‥‥‥‥‥‥86
紛糾‥‥‥‥‥‥‥‥‥‥86
姓名判断‥‥‥‥‥‥‥‥87
貴族‥‥‥‥‥‥‥‥‥‥87
神隠し‥‥‥‥‥‥‥‥‥88
ドライブスルー‥‥‥‥‥88
集荷‥‥‥‥‥‥‥‥‥‥89
有効期限‥‥‥‥‥‥‥‥89
カーテンコール‥‥‥‥‥90
スキャン‥‥‥‥‥‥‥‥90
移籍‥‥‥‥‥‥‥‥‥‥91
（野球などの）ドラフト ‥‥91

■ あいうえお順 ■

■あ■

IR ································ 71
あおり運転··························· 86
足が前に出ない······················ 19
唖然····························· 43
圧迫感がある························ 14
歩き出したらうまく止まれない············· 18
息苦しい··························· 13
移籍····························· 91
一押し···························· 44
イルミネーション····················· 85
インフルエンサー····················· 79
膿B····························· 22
エコノミークラス症候群················· 26
延焼····························· 61
エンゼルプラン······················ 36
おっつけA························· 42
おっつけB························· 42
お腹が鳴る························· 13
おねしょ··························· 37
おまる···························· 35
おむつかぶれ························ 33

■か■

カーテンコール······················ 90
（赤ちゃんの）外気浴·················· 33
回転性のめまいがする·················· 16
返す言葉がない······················ 53
顔が思い通りに動かない················· 17
顔を立てるA························ 52
顔を立てるB························ 52
陰で糸を引く························ 51
過酷····························· 65
火事場のバカ力······················ 54
がたが来る························· 60
固唾をのむ························· 54
肩の荷が下りる······················ 55
肩の荷を下ろす······················ 55
渇水····························· 83
活路を開く························· 56
活を入れる························· 56
金は天下の回り物···················· 53
神隠し···························· 88
痒い所に手が届く···················· 57
体が思い通りに動かない················· 17
身体を張る························· 57
関節に水が溜まる···················· 21
観天望気··························· 82
癪にさわる························· 58
疳の虫が起こる······················ 58

完売····························· 77
気象予報士························· 82
貴族····························· 87
北大西洋条約機構···················· 70
喜怒哀楽··························· 59
希薄····························· 41
虐殺····························· 68
キャッチコピー······················ 72
キャッチフレーズ····················· 72
菌······························ 6
くしゃみが出る······················ 15
首がすわる························· 29
クラウドファンディング················· 75
ぐるぐるする························ 16
君臨····························· 65
軽視····························· 45
血管が浮き出る······················ 23
研鑽····························· 45
倦怠感がある························ 12
誤飲····························· 8
誤嚥····························· 8
誤嚥····························· 12
コールセンターB····················· 78
心が洗われる························ 44
骨髄バンク························· 7
固定資産税························· 80
ごり押し··························· 62
転びやすい························· 19

■さ■

罪悪感···························· 61
搾乳A···························· 31
擦過傷···························· 9
試行錯誤··························· 51
システムエンジニア··················· 78
実効性担保························· 71
しゃっくりが出る····················· 15
収益····························· 74
集荷····························· 89
重責····························· 66
充当····························· 43
称賛A···························· 48
森羅万象··························· 50
尽力····························· 40
水疱····························· 22
スキャン··························· 90
巣ごもり··························· 84
スタイ（よだれかけ）················· 31
すり傷···························· 9
姓名判断··························· 87

絶賛Ａ‥‥‥‥‥‥‥‥‥‥‥‥‥*48*
創意工夫‥‥‥‥‥‥‥‥‥‥*50*
創業‥‥‥‥‥‥‥‥‥‥‥‥‥*80*
咀嚼‥‥‥‥‥‥‥‥‥‥‥‥‥ *6*

■た■
体温が低い‥‥‥‥‥‥‥‥‥*10*
体臭がひどい‥‥‥‥‥‥‥‥*23*
体調が悪い‥‥‥‥‥‥‥‥‥ *9*
胎動‥‥‥‥‥‥‥‥‥‥‥‥‥*35*
体力が低下する‥‥‥‥‥‥‥*11*
多種多様‥‥‥‥‥‥‥‥‥‥*49*
脱力感‥‥‥‥‥‥‥‥‥‥‥*14*
ただれている‥‥‥‥‥‥‥‥*20*
だだをこねる‥‥‥‥‥‥‥‥*67*
妥当‥‥‥‥‥‥‥‥‥‥‥‥‥*46*
ダムの渇水‥‥‥‥‥‥‥‥‥*83*
断念‥‥‥‥‥‥‥‥‥‥‥‥‥*67*
力が入らない‥‥‥‥‥‥‥‥*14*
つかまり立ち‥‥‥‥‥‥‥‥*36*
帝王切開‥‥‥‥‥‥‥‥‥‥*38*
抵触‥‥‥‥‥‥‥‥‥‥‥‥‥*63*
ディレクター‥‥‥‥‥‥‥‥*73*
電子決済‥‥‥‥‥‥‥‥‥‥*74*
転倒しやすい‥‥‥‥‥‥‥‥*19*
統合型リゾート‥‥‥‥‥‥‥*71*
盗撮Ａ‥‥‥‥‥‥‥‥‥‥‥*47*
盗撮Ｂ‥‥‥‥‥‥‥‥‥‥‥*47*
透視‥‥‥‥‥‥‥‥‥‥‥‥‥*46*
ドクターヘリＡ‥‥‥‥‥‥‥ *7*
ドライブスルー‥‥‥‥‥‥‥*88*
（野球などの）ドラフト‥‥‥*91*
ドル箱‥‥‥‥‥‥‥‥‥‥‥*75*

■な■
ＮＡＴＯ‥‥‥‥‥‥‥‥‥‥*70*
二正面作戦‥‥‥‥‥‥‥‥‥*85*
乳幼児‥‥‥‥‥‥‥‥‥‥‥*28*
尿道が痒い‥‥‥‥‥‥‥‥‥*25*
妊婦健診‥‥‥‥‥‥‥‥‥‥*29*
寝返り‥‥‥‥‥‥‥‥‥‥‥*34*
ネタバレ‥‥‥‥‥‥‥‥‥‥*40*
寝違えた‥‥‥‥‥‥‥‥‥‥*10*

■は■
肺血栓塞栓症‥‥‥‥‥‥‥‥*26*
発覚‥‥‥‥‥‥‥‥‥‥‥‥‥*49*
バッテリー‥‥‥‥‥‥‥‥‥*76*
鼻血がでる‥‥‥‥‥‥‥‥‥*24*
皮下出血がある‥‥‥‥‥‥‥*21*

ひきつけ‥‥‥‥‥‥‥‥‥‥*32*
必然Ａ‥‥‥‥‥‥‥‥‥‥‥*64*
必然Ｂ‥‥‥‥‥‥‥‥‥‥‥*64*
人見知り‥‥‥‥‥‥‥‥‥‥*32*
避妊薬が欲しい‥‥‥‥‥‥‥*37*
微熱がある‥‥‥‥‥‥‥‥‥*11*
疲弊‥‥‥‥‥‥‥‥‥‥‥‥‥*41*
フォローアップミルク‥‥‥‥*30*
フケが多い‥‥‥‥‥‥‥‥‥*24*
不正出血がある‥‥‥‥‥‥‥*26*
物議をかもす‥‥‥‥‥‥‥‥*59*
浮動性のめまいがする‥‥‥‥*16*
プロデューサー‥‥‥‥‥‥‥*73*
ふらふらする‥‥‥‥‥‥‥‥*16*
紛糾‥‥‥‥‥‥‥‥‥‥‥‥‥*86*
平衡感覚が悪い‥‥‥‥‥‥‥*25*
防護服‥‥‥‥‥‥‥‥‥‥‥*84*

■ま■
麻痺‥‥‥‥‥‥‥‥‥‥‥‥‥*20*
未熟児‥‥‥‥‥‥‥‥‥‥‥*28*
見据える‥‥‥‥‥‥‥‥‥‥*68*
水ぶくれがある‥‥‥‥‥‥‥*22*
未然‥‥‥‥‥‥‥‥‥‥‥‥‥*63*
むせる‥‥‥‥‥‥‥‥‥‥‥*12*
無痛分娩‥‥‥‥‥‥‥‥‥‥*38*
むりやり‥‥‥‥‥‥‥‥‥‥*62*
黙食‥‥‥‥‥‥‥‥‥‥‥‥‥*60*
沐浴‥‥‥‥‥‥‥‥‥‥‥‥‥*30*
モバイル（バッテリー）‥‥‥*76*

■や■
夜尿症‥‥‥‥‥‥‥‥‥‥‥*37*
有効期限‥‥‥‥‥‥‥‥‥‥*89*
ユーチューバー‥‥‥‥‥‥‥*79*

■ら■
離乳食‥‥‥‥‥‥‥‥‥‥‥*34*
礼節‥‥‥‥‥‥‥‥‥‥‥‥‥*66*
呂律が回らない‥‥‥‥‥‥‥*18*

■わ■
ワークフロー‥‥‥‥‥‥‥‥*77*

●わたしたちの手話●
新しい手話 2024

■本書製作にあたった人たち■

手話確定…社会福祉法人全国手話研修センター／手話言語研究所
≪標準手話研究部≫

本委員会：髙田英一／青柳美子／黒﨑信幸／髙塚稔／西滝憲彦／松永朗
北海道班：金原輝幸／若浜ひろ子／稲荷山尚美／大内祥一
東 北 班：加藤薫／浅利義弘／小野善邦／齋藤千英／髙橋幸子／平間弘／山中沙織
関 東 班：那須英彰／植野慶也／内田元久／小出真一郎／小林聖司／早川健一／
　　　　　古橋浩司／村松裕子／渡邊早苗
北信越班：石川渉／内田博幸／青井佳奈子／石倉義則／河井秋男／浜野秀子
東 海 班：山本直樹／伊藤照夫／大坪みゆき／鈴村博司／松島茂人
近 畿 班：吉田正雄／伊藤芳子／田邊理恵子／馬場康平／街好平／柳喜代子／
　　　　　山本紋子
中 国 班：髙塚千春／亀田明美／大岡政恵／塚原辰彦
四 国 班：竹島春美／前田真紀／近藤龍治
九 州 班：山本秀樹／日髙美沙妃／荒木宏彦／城間枝利子／遠矢千尋／中村稔／
　　　　　松下妙子／松藤麻美／松本幸造／溝ノ口光輝

（事務局：大杉豊／河井友佳／久保沢香菜／松本久美子／繁益陽介）

本書内の用語解説などは、各種辞書や関連ホームページを参考に書かれたもので、2023年10月
現在の情報を元にしています。

編集・発行　　　一般財団法人全日本ろうあ連盟
　　　　　　　　〒162-0801
　　　　　　　　東京都新宿区山吹町130　SKビル8F
　　　　　　　　電話（03）3268-8847　FAX（03）3267-3445

　　　　　　　　全日本ろうあ連盟「出版物のご案内」携帯・スマートフォンサイト→

イラスト協力　　国立大学法人筑波技術大学
　　　　　　　　産業技術学部　総合デザイン学科
　　　　　　　　【指導】教授　鈴木拓弥

印刷・製本　　　日本印刷株式会社
発行日　　　　　2024年12月18日
ISBN978-4-904639-32-0　C0580　￥900E